新編
ほら吹き将軍

Arima Takashi

有馬 敲詩集

澪標

新編　ほら吹き将軍

有馬　敲詩集

I

1

ほら吹き将軍が原宿を行く
明治神宮に隣接するJR駅で降り
初詣専用の3番線ホームから
神宮の敷地に直接抜ける臨時改札口を出る

ほら吹き将軍は羽織袴に白足袋　下駄をはき
秘書のデジタル女史と連れ立って
参拝客でごった返す人込みを
最古級の木造駅舎を後ろに広大な森に吸い込まれる

ほら吹き将軍は大きな咳払いを一つして
明治天皇と照憲皇太后をまつる御社殿で
新列島改造計画を成就させるために
ことしも全国各地に遊説することを誓う

ほら吹き将軍が原宿を行く
付き添うデジタル女史に頼み
勝利の神様東郷元帥をまつる社に寄り道し
男のロマンの達成を祈願する

2

ほら吹き将軍が永田町を行く
デジタル女史運転の小型自動車で
内閣府から新霞が関ビルを過ぎ
合同庁舎のロビーで昵懇の官僚と会う

ほら吹き将軍は首都直下型地震に備え
災害現場などで活躍できるロボット開発に
もっと予算額を増やすべきだ
と持論を持ちかけ　協力を依頼する

ほら吹き将軍は声を高めて
人命救助活動は最重要課題であり
水や非常食　携帯電話を持たせるロボットを
もっと量産することも力説する

ほら吹き将軍が永田町を行く
デジタル女史運転の小型自動車で移動し
議員会館に親しい大物の国会議員を訪ね
予算増額の大きな夢の実現を働きかける

3

ほら吹き将軍が丸の内を行く
Ａ４サイズのメトロネットワークの地図を持ち
成田空港と羽田空港を結ぶために
都心直結線のショートカット構想を練る

ほら吹き将軍は丸の内の西を歩き
2020年までに新東京駅を新設するには
深さ40メートル超の地下トンネルを掘り
京成押上駅と東急泉岳寺駅を結ぶ案を思い描く

ほら吹き将軍はＵＶカットの眼鏡を輝かせ
この都心直結線はカーブも少なく速度アップし
新東京駅から成田まで三十数分
羽田までは二十分足らず　と試算する

ほら吹き将軍が丸の内を行く
夢の直結線が実現すれば都心の重要度を増し
国際都市としての潜在能力が上がる
とその発想に興奮して早足で歩く

4

ほら吹き将軍が新宿を行く

歩行者天国になった日曜日に

デジタル女史と二人の外孫に誘われ

東口正面のアルタで待ち合わせて人波をすり抜ける

ほら吹き将軍は大手を振って

百貨店が並ぶ四谷方面に歩いて行き

有名な老舗書店のアニメコーナーにたたずみ

デジタル女史のアドバイスでコミックを探す

ほら吹き将軍は咳払いを一つ二つして

大通りを挟んだ筋向かいに渡り

カジュアル衣料店と家電店が合体した大型店舗で

ひとり暮らし用の生活用品を選ぶ

ほら吹き将軍が新宿を行く

明治通りを越えた三丁目のレストラン街で

デジタル女史と外孫にイタリア料理をおごり

いつものおひとり様生活から解放される

5

ほら吹き将軍がガード下を行く
山手線の新橋から有楽町の方向に
戦後の暗いふんいきが残る穴蔵を歩き
若いころに飲みに寄ったことを思い出す

ほら吹き将軍は通路の明かりを頼りに
東京オリンピックの年に開店した新幹線の
地下のなじみの寿司店にはいり
昼の常連や若い社員が肩を並べる席に座る

ほら吹き将軍はノンアルコールビールを注文し
好物のエビと中トロをつまみ
2020年のオリンピックの実現について
顔なじみの初老の店主と言葉を交わす

ほら吹き将軍がガード下を行く
親しい官僚が待つ帝国ホテルのロビーまで
およそ百年前の煉瓦アーチをくぐり抜け
昼さがりの日比谷公園の噴水を眺めやる

6

ほら吹き将軍が霞が関を行く
大臣の私的諮問機関の会議に出席するため
デジタル女史の小型自動車から降り
押し出しよく背広ネクタイ姿で歩いて行く

ほら吹き将軍は配付された資料を手に持ち
集団的自衛権の行使容認は
憲法解釈の変更を行うことであり
憲法改正につながらない　という提案にうなずく

ほら吹き将軍は大きな地声を出し
集団的自衛権は必要最小限度のものであり
積極的平和主義を推進するために
可及的速やかに認めるべきだ　と主張する

ほら吹き将軍が霞が関を行く
従前どおりの憲法解釈で日本が侵略されるか
国家と国民の安全のために解釈変更するか
どちらかだ　とメディアの取材に胸を反らす

7

ほら吹き将軍が浅草を行く
百三十周年を迎えた六区をぶらつき
再開発の物すごさに両眼を見張り
複合商業施設の工事現場にたたずむ

ほら吹き将軍は数年後のオリンピックのために
外国人呼び込みの高級ホテルを思い描き
凌雲閣を模したデザインの高層ビルに
興行場などが入居する時期を空想する

ほら吹き将軍は胸をときめかせ
商業施設ROXにオープンした建物に
芸人たちが浅草にちなんだ演目を披露し
笑い声や歓声の響く界隈から往事をしのぶ

ほら吹き将軍が浅草を行く
数年後も生きているかどうか
いずれは劇場が入る大型ビルの前に立ち
娯楽の殿堂を見とどけねばなるまい　と腕を組む

8

ほら吹き将軍が谷中を行く
着慣れた作務衣姿に白足袋　雪駄を履き
とある禅寺の門をくぐって予約番号を告げ
数十畳もある禅堂におもむろにはいる

ほら吹き将軍は座禅前に
来ル者ヲ拒マズ　去ル者ハ追ワズ
と話す物静かな声の住職の講話に耳を傾け
ゆっくり腹式呼吸をして心を静める

ほら吹き将軍は半跏趺坐し
半ば眼をつぶって両手を丹田の前に重ね
まわりの参禅者の息づかいや咳に惑わされずに
無念無想の境地にはいって悟りを求める

ほら吹き将軍が谷中を行く
生臭い顔や丸刈り頭などを思い浮かべ
筒袖の上衣を打ち合わせて紐で結び
ズボン形の裾を絞った姿で歩いて行く

9

ほら吹き将軍がクリニックに行く
かかりつけの医師の診察を受け
前回の血液検査の結果を神妙に聴き
1カ月分の薬の処方箋を求める

ほら吹き将軍はいそいそと
最寄りの薬局を通り過ごしてバスに乗り
妙齢の薬剤師が営む店に向かい
細身に白衣をまとったマドンナに挨拶する

ほら吹き将軍はおどおどしつつ
かばんの中から処方箋を取り出そうとして
どこに落としたか見当たらないため
医師からFAXされた処方箋で調合を頼む

ほら吹き将軍がクリニックに行く
FAXでは薬の調剤がしてもらえないことを知り
再発行された処方箋を受け取って
ふたたび　薬局のマドンナに会いに行く

10

ほら吹き将軍が蒲田を行く
自宅マンションを出て東急東横線に乗り
多摩川線の矢口渡から京急大鳥居に向かい
羽田への新空港線の可否を下見する

ほら吹き将軍は地図をひろげ
2020年の東京オリンピックに合わせ
既存の路線をどのように繋ぐか
利便性を増すためのネットワークを検討する

ほら吹き将軍はCO_2削減のために
二つの私鉄の高架の蒲田駅をロープウェーで結ぶ案にう
　なずき
山手線の田町駅付近から湾岸部を通り
地下トンネルで羽田に入る新線に首をかしげる

ほら吹き将軍が蒲田を行く
むかし覚えた蒲田行進曲を軽く声に出し
近い将来　いずれの新空港線が実現しても
自宅から気軽にに外遊できる　と八の字ひげをなでる

11

ほら吹き将軍が山手を行く
地下鉄三田線の白山駅で下車し
デジタル女史と打ち合わせをするために
八百屋お七が眠る寺の前を通り過ぎる

ほら吹き将軍は事務所兼用の住居にはいり
ネットを操作する母子家庭の女史に
地方遊説から持って帰った手土産とともに
手書きの書類のパソコン入力を依頼する

ほら吹き将軍は家族的なふんいきになり
2020年の東京オリンピック開催までに
男のロマンの新列島改造計画を実現しなければ
死ぬに死にきれないと抹茶をすする

ほら吹き将軍が山手を行く
いつも果物などの供え物が絶えないお七の墓に寄り
一途に思いつめた自分の信念がかなえられ
ひと花咲かせてくれとひそかに祈る

12

ほら吹き将軍が晴海を行く
野球帽にカジュアル姿　スニーカーをはき
銀座４丁目の交差点から都営バスに乗り
釣道具を持って勝鬨橋から黎明橋を渡る

ほら吹き将軍は朝潮運河の船着場近くで
もんじゃ焼きと天ぷらを昼食用に買い
東京五輪の選手村建設予定地を下見して
客船ターミナルのデッキにたたずむ

ほら吹き将軍は愛用の大型双眼鏡を取り出し
対岸の豊洲地区で　築地市場移転予定地は
順調に工事が進捗しているか　しかと確かめ
クルーズ客船からの吹奏楽の演奏を聞く

ほら吹き将軍が晴海を行く
埠頭公園の岸からのんびり釣り糸を垂らし
レインボーブリッジや東京タワーの明かりがつくまで
港のふんいきを味わって遊説の疲れをいやす

13

ほら吹き将軍が商店街を行く
自宅マンションから歩いて大通りを横切り
赤白青の斑が回転する二本の柱の間を抜けて
こぢんまりした理髪店にはいる

ほら吹き将軍は顔なじみの店主に
ゴマ塩の口ひげが豊かにたくわえられ
鼻毛や耳穴の毛が伸びてくるのに
頭の髪の毛だけが少なくなる　とぼやく

ほら吹き将軍は真面目な顔つきで
大きな鏡のなかの自分の頭髪を見つめ直し
ビタミンＣを配合した発毛剤は
効き目があるのか　と中年の店主に尋ねる

ほら吹き将軍が商店街を行く
帰り道でドラッグストアに寄り
１カ月後に効果が実感できるかどうか
新式発毛剤を奨められて半信半疑で買う

14

ほら吹き将軍がトレパンで行く
折りたたんだ段ボールの大きな束を両腕に抱え
マンションのゴミ捨て場に投げ入れ
眠たげな眼をしばたいて近くの公園に向かう

ほら吹き将軍はカジュアルの胸ポケットから
旧式の携帯用ラジオを地上に置き
定時に始まるラジオ体操の歌を口ずさみ
手足の屈伸から腰の運動に移る

ほら吹き将軍は朝の光線を全身に浴び
住民のために設けられた鉄棒にぶら下がり
ブランコに乗って揺られて童心に返り
ひとり暮らしの憂さを晴らす

ほら吹き将軍がトレパンで行く
かかとの擦り減ったスニーカーで
マンションの郵便受けから新聞を抜き取り
急な階段の手すりを持って自宅まで上る

15

ほら吹き将軍が府中を行く
スポーツ帽にカジュアル姿　スニーカーで
甲州街道の宿場町の名残を残す街並を過ぎて
いそいそと東京競馬場を目指して足を運ぶ

ほら吹き将軍は扇子を膝上に置き
汗で馬体を濡らして現れる競走馬に注目し
皇太子の臨席する大観衆のざわめきのなかで
号砲とともに出走する瞬間を待つ

ほら吹き将軍は緊張した表情で
関西の調教師の悲願成就か　牝馬の快挙か
七千頭あまりから選び抜かれた駿馬の
第三コーナーからの競り合いに身を乗り出す

ほら吹き将軍が府中を行く
自分の賭け馬がトップに決まらなかったのを悔やみつつ
調教師とジョッキーに大声で激励し
興奮した観客のどよめく競馬場から遠ざかる

16

ほら吹き将軍が葛西臨海公園を行く
荒川と旧江戸川に挟まれた深い緑の森が
東京湾に突き出るように広がり
季節を告げる野鳥の群れに顔をほころばす

ほら吹き将軍はデジタル女史と外孫二人を連れ
マグロが回遊する水族館を楽しみ
高さ117メートルの大観覧車に乗って
水鳥の楽園になった埋立地を見下ろす

ほら吹き将軍は大型双眼鏡を首からぶら下げ
東なぎさから西なぎさをゆっくり見渡し
2020年オリンピックのカヌー会場予定地が
環境に影響しないかどうか　隣接地を物色する

ほら吹き将軍が葛西臨海公園を行く
首都高速湾岸線のはるか向こう
東京スカイツリーを　連れの外孫から教えられ
デジタル女史とともに仲良く振り返る

17

ほら吹き将軍が房総半島を行く
千葉からJR外房線に揺られ
勝浦の手前の御宿駅でひとり降り
野球帽にカジュアル姿　スニーカーで歩く

ほら吹き将軍はぶらりぶらり
目当ての月の沙漠公園に着き
王子と姫がそれぞれラクダに乗る像を眺め
自分の秘書のデジタル女史の姿を重ねる

ほら吹き将軍は童心に返って
月ノ砂漠ヲ　ハルバルト
旅ノラクダガユキマシタ　とゆっくり口ずさみ
首をもたげたラクダのあごをなでる

ほら吹き将軍が房総半島を行く
ひろびろとした海辺に立ち
寄せては返す波音を聴きつつ
新列島改造計画のロマンを夢見る

18

ほら吹き将軍が千葉を行く
目当ての御宿町の預託牧場に向かい
十年前　競走馬としての登録が抹消されて
余生を過ごす十八歳の老馬を訪ねる

ほら吹き将軍は牧場の飼育員に会い
地方競馬で連戦連敗しながら
それでも根気よく走りつづけた老馬の
小柄な鹿毛のタフな馬体を懐かしむ

ほら吹き将軍は引退した馬の背中をなで
勝負だけが大切じゃないぞ　と慰さめ
CMや映画も作られたほど親しまれ
日本じゅうに元気をあたえたことに感謝する

ほら吹き将軍が千葉を行く
老馬がもう頑張らなくてもよいという表情で
ふっくらとした腹の毛並みを輝かせるのを見て
お前も長生きしてくれよ　と声をかける

19

ほら吹き将軍が霞ヶ浦を行く
水上空港のネットワークを実現するために
小型の水上飛行機を全国の水辺に飛ばす構想を
事業化する準備会に出席する

ほら吹き将軍は咳払いを二つ三つして
基幹道路や新幹線が発達していない地方と
大都市を結ぶのに有用なシステムだと説き
高速で小回りの利く水上機が必要だ　と強調する

ほら吹き将軍は東日本大震災の教訓から
たとえ在来の交通網が寸断されても
海や湖など　おだやかな水辺さえあれば
どこでも空港にできるだろう　と吹聴する

ほら吹き将軍が霞ヶ浦を行く
キョウモ飛ブ飛ブ　霞ヶ浦ニ
と若いころにうたった軍歌を大声でうたい
2020年の東京五輪までに実現しよう　と胸を張る

20

ほら吹き将軍が小湧谷を行く
森のなかの　とある美術館を探してはいり
かねがね観たいと思っていた浮世絵に
胸をときめかして近づく

ほら吹き将軍は両眼を輝かせ
江戸時代後期の絵師の肉筆画の前にたたずみ
雪の中庭を望む深川の料亭の二階で
火鉢を囲んでくつろぐ遊女や芸者たちの姿に見とれる

ほら吹き将軍はわが身の丈を超える
およそ3メートル半ばの大画面に
二十数人の人物が巧みに配置された構図を
往ったり来たりして堪能する

ほら吹き将軍が小湧谷を行く
細やかな筆づかいで配色された絵に感嘆し
「品川の月」と「吉原の花」が
アメリカの美術館に渡ったことを口惜しがる

21

ほら吹き将軍が新発田を行く
溝口氏の城下町の遺跡を残した市内を巡り
第二次世界大戦前には連隊が置かれ
今は自衛隊が駐屯する本丸跡を訪問する

ほら吹き将軍は支援者の車で
天然ガス生産地のガス田に移動し
地下およそ千メートルの枯渇ガス層に
外国からの天然ガスを貯蔵する計画を聴取する

ほら吹き将軍は大きな咳払いを一つして
大震災で仙台のLNG基地が津波被害を受けたとき
パイプラインで新潟から代替供給した話を聞き
首都圏へのパイプライン網の充実を訴える

ほら吹き将軍が新発田を行く
かつて外様大名が治水と干拓事業によって
蒲原大地主王国の基盤を築いた教訓にならい
日本海横断パイプラインの実現を遊説する

22

ほら吹き将軍が安曇野のを行く
JR松本駅から豊科方面に向かい
姉妹都市から贈られたブロンズの孫と
支所の入口で久しぶりに対面する

ほら吹き将軍はワサビ畑のあぜ道を歩き
ようやく住吉神社にたどりつき
桓武天皇の御代に東北を征した武将の
坂上田村麻呂が弓を持ち　鎧をつけた姿を仰ぐ

ほら吹き将軍は　とある在所で
田村麻呂が東北地方に向かう途中
鬼退治をして人びとを助けた伝説を聞き
初代の征夷大将軍の偉大さに頭を垂れる

ほら吹き将軍が安曇野のを行く
屏風のように並び立つ北アルプスの峰々や
おびただしい野仏や道祖神に囲まれ
大将軍の末裔として誇り高く歩いて行く

23

ほら吹き将軍がいわき市を行く
JR湯本駅から県道沿いにバスに揺られ
温泉郷のひろびろとした敷地に建つ
スーパーリゾートハワイアンズにはいる

ほら吹き将軍はアロハシャツに着換え
ゴマ塩の八の字ひげを鏡の前で整え
華やかな衣裳を身につけた踊り子たちが
晴れやかな笑顔で登場する姿に拍手を送る

ほら吹き将軍は相好をくずし
心が浮き浮きするフラダンスのあとに
タヒチアンダンスのグループが現れ
炎を操るファイアナイフの踊りに喝采する

ほら吹き将軍がいわき市を行く
大震災後も余震で損傷した広い施設のなかで
陽気に明るさを振りまく踊り子の姿を見て
自分もロマンを持って生き抜こう　と決意する

24

ほら吹き将軍が松島を行く
大震災後に特別名勝区域の松が赤く枯れ
松くい虫被害量が拡大している現場を視察し
その対策を強化する手段を協議する

ほら吹き将軍は愛用の大型双眼鏡を携え
空中からの薬剤散布が不十分だったと知り
松が枯れたら松島でなくなる　と主張し
可及的速やかに空中散布の強化を行政に求める

ほら吹き将軍はゴマ塩の八の字ひげをなで
ヘリコプターを使った薬剤散布のほかに
枯れた松の伐採などの対策を考え
精力的に防除や駆除していくしかない　と訴える

ほら吹き将軍が松島を行く
轟音を立てて頭上を過ぎるブルーインパルスを見送り
松島ヤ　アア松島ヤ　松島ヤ
と聞き覚えの古い俳句を呪文にして繰り返す

25

ほら吹き将軍が石狩新港を行く
大型双眼鏡を首からぶら下げ
真白な球状タンクを背負った巨大な船が
ゆっくりLNG基地に接岸する姿を追う

ほら吹き将軍は資料のコピーをひろげ
平和条約を結んでいない国から
コストが高くつくLNGを輸入するには
費用対効果や供給途絶のリスクを考えよ　と警告する

ほら吹き将軍は夕食で石狩鍋を試食し
過去の石狩川水系のダム建設や
多くの炭鉱都市出現の時代を振り返り
原発ゼロでなく電力の安定供給が必要だ　と力説する

ほら吹き将軍が石狩新港を行く
バランスの取れたエネルギー確保こそ
各地の小規模な発電所も稼働させ
新列島政造計画に寄与できる　と吹聴する

26

ほら吹き将軍が帯広を行く
十勝川に開けた中心都市は
斜めに対角線を走らせて
どこか異国にやってきた錯覚におちいる

ほら吹き将軍は池田のワイン城を視察し
ワインが眠る地下熟成室を視察する
帰途　ほら吹き将軍は
ほかの公営競馬場で見られない風景を楽しむ

ほら吹き将軍は最大の見せ場の
1メートル半ばの障害物競馬で
多くの馬が障害を越えようとして
柵を越えられずに倒れ込む馬にカメラを向ける

ほら吹き将軍が帯広を行く
しばれる寒気のなかで騎手のかけ声と
馬の息づかい　歓声が響きわたり
ゴール直前の逆転に写真を撮り忘れて興奮する

II

27

ほら吹き将軍が与那国島を行く
日本最西端の波静かな島に
沿岸監視部隊が近く配備されるために
陸上自衛隊の施設建設予定地を視察する

ほら吹き将軍は南西諸島の地図を広げ
台湾の東百十キロ　尖閣諸島の南150キロ
中国大陸に近く位置する島に
複数のレーダーを設置する必要性を認識する

ほら吹き将軍は離島防衛のために
たんに監視だけでなく　隊員を増員し
侵攻への初動動作が重要になってくる
と人口わずか千五百人の島民に説得する

ほら吹き将軍が与那国島を行く
長命草のサコナの葉をしがみつつ
国境付近の艦船や航空機の動向に目を光らせ
国民の安全と生命を保障すると吹聴する

28

ほら吹き将軍が熊本を行く
先の震災で崩落した熊本城は
城北側の百間石垣で応急工事が進み
１カ月半ぶりに城のライトアップが見られる

ほら吹き将軍はぎんなん城と呼ばれる
崩落前の石垣の画像のデータが照合され
一つ一つ目視による確認が続けられ
作業の復元が進んでいることを喜ぶ

ほら吹き将軍は武者返しと呼ばれる勾配が
上に行くほど急になり
下部が立ち上がる積みかたに見とれ
築城した加藤清正の智恵に思いをはせる

ほら吹き将軍が熊本を行く
夕焼けに染まる城の天守閣と本丸御殿を眺め
牧場から直接仕入れられた馬刺しと
郷土料理のレンコンをくわえる

29

ほら吹き将軍が博多を行く
城下町として栄えた町は福岡となり
いまはリゾート感たっぷりの魅力にあふれ
天神　川端　中洲とにぎわう

ほら吹き将軍は駅前を注意深く眺める
以前に陥没事故を起こした場所が
完全に復旧したかどうか
また沈下しないかどうかをたしかめる

ほら吹き将軍は昼食に博多ラーメンを注文し
こってりした豚骨スープをすすり
チャーシューやネギや紅ショウガを入れ
替玉を追加注文する

ほら吹き将軍が博多を行く
大相撲九州場所の千秋楽の大入満員に満足し
柳川出身の地元力士が勝ち名乗りを受けて
機嫌よく拍手喝采を送る

30

ほら吹き将軍が福山を行く
JR山陽線の駅を下車し
江戸時代の城下町の景観を残す街並みを眺め
デジタル女史の土産に女物の松永下駄を買う

ほら吹き将軍は内港沿いの遊歩道に出て
数メートル下の海面が濃い緑に濁り
ヘドロが浮かんで固まった黒い浮遊物をたしかめ
鼻をつく異臭に顔をそむける

ほら吹き将軍は地元の有力者と会い
海水の環境の少ない区域に生活排水が流入し
大量の下水が未処理のままヘドロ化し
異臭を放っている実態を聴取する

ほら吹き将軍が福山を行く
沼隈半島の先端に広がる鞆の浦を訪れ
瀬戸内海で養殖された鯛の料理を食べて
箏と尺八の「春の海」のBGMに耳を傾ける

31

ほら吹き将軍が鳥取砂丘を行く
隙間だらけになったクロマツの林には
風除けの柵が設けられて砂の飛散を防ぎ
ひょろ長い若木が育てられている

ほら吹き将軍は砂の美術館に寄り
展望台や土産物店を訪れて
北西の風が強まる冬場に松枯れがすすみ
砂の飛散が多い地帯に向かう

ほら吹き将軍は腕組みして
ゴマ塩の八の字ひげをなでつつ
強風のときに砂丘の砂が吹き飛ばされ
浸食されているのがなんとかならぬかと思案する

ほら吹き将軍が鳥取砂丘を行く
数十年前に天然記念物に指定された場所が
このままでは荒れ放題となり、
地方創生もあったもんじゃないと肩を落とす

32

ほら吹き将軍が鳴門海峡を行く
北インターを後にして小さな漁船に乗り
大鳴門橋が望める沖合に出て
渦潮に向かう観潮船とすれちがう

ほら吹き将軍は大毛島から
ワカメの養殖の現場に到着し
収穫したワカメがすぐにボイルされ
冷却されて塩漬けされる加工作業を見守る

ほら吹き将軍は養殖場を行ったり来たりして
茶色になったワカメが
およそ九十度の海水に通されて
みるみる緑色に変わるボイル過程に驚く

ほら吹き将軍が鳴門海峡を行く
間食に里娘と呼ばれるサツマイモを頬張り
きわやかな潮風に吹かれつつ
これぞ地方創生の見本なり　と独り合点する

33

ほら吹き将軍が淡路島を行く
山陽新幹線で新神戸駅で降り
高速バスに乗って明石海峡大橋を渡り
マリンブルーの瀬戸内を望む洲本に向かう

ほら吹き将軍は屈指の大きなホテルで
浴衣に着換えて湯めぐりを楽しむ
島の名物の棚田に見立てた湯船につかり
地方遊説の疲れを放射能泉でいやす

ほら吹き将軍は新列島改造計画の夢を描き
湯船から広がる海の向こうの紀伊半島を眺め
湯面と海面がつながる一体感に酔い
開放感抜群の展望露天風呂に移る

ほら吹き将軍が淡路島を行く
ホテルの前で釣り竿を借りて餌を買い
昼まで海釣りを楽しんで気を紛らわし
大和芋のとろろ汁をかけた玉すき丼を掻き込む

34

ほら吹き将軍が城崎を行く
予約の宿舎に着くとすぐに浴衣に着換え
古くからその名を知られた温泉街の
変化に富んだ外湯めぐりに出かける

ほら吹き将軍は遊説の疲れをいやすために
柳の木の下からわき出る湯につかり
ガラス張りの天井から見える山や滝に見とれ
不老不死の幸せをまねく湯を楽しむ

ほら吹き将軍は街のなかを歩き
甘みのある香ばしく焼き上げた赤海老を食べ
町立の文芸館に橋を渡ってはいり
志賀直哉の小説などを拾い読みする

ほら吹き将軍が城崎を行く
みやげ物店　飲食店　遊技場などを見て歩き
通りがかりの温泉寺に立ち寄って
十一面観音像の前で手を合わす

35

ほら吹き将軍が豊岡を行く
円山川岸の天然記念物の玄武洞を視察し
六角や八角の玄武岩の柱状節理から
地球の磁場が反対の方向に磁化していた古代を知る

ほら吹き将軍は支援者の自動車で
コウノトリ文化館や公園を訪れ
人と生き物がともに暮らせる環境で
巣を造り　卵を産み　孵化する状況をたしかめる

ほら吹き将軍は興味深げに
屋根のないゲージ内のコウノトリの姿を眺め
マムシに嚙まれないように注意して
いろいろな野生の草花や野鳥を見わたす

ほら吹き将軍が豊岡を行く
タカマガハラニ　カミシロシメシ　と祝詞を唱え
一億総活躍の時代がくるように
日本の人口がさらに増加することを祈る

36

ほら吹き将軍が阿倍野を行く
阪南電車の天王寺駅前から南に歩き
住宅街がひろがる北畠の停留所から東に
北畠顕家郷の墓所を探して訪れる

ほら吹き将軍はやっとのことで
立派な石垣と樹木に囲まれた墓地に着き
南北朝争乱のなかの若い武将が
天皇臨席の宴で桜花の舞いを披露した姿を思い描く

ほら吹き将軍はさらに東に歩いて
北畠親房と顕家を祀る神社に向かい
参道沿いに建てられた「花将軍」の像に手を合わせ
風林火山の旗のもとに果てた生涯をしのぶ

ほら吹き将軍が阿倍野を行く
西の参道から天神の森の停車場に着き
樹齢およそ六百年の十数本のクスノキを仰ぎ
秀吉ゆかりの天下茶屋跡を徘徊する

37

ほら吹き将軍が天保山のふもとを行く
大観覧車から市内を見わたし
関西国際空港が
明石海峡の大橋までも愛用の双眼鏡で見渡す

ほら吹き総軍はさらに向こうの
ユニバーサル・スタジオ・ジャパン
パーバレッジ、海遊館など
大阪のすごいエネルギーに舌を巻く

ほら吹き将軍はさらに北方面を指さし
夢洲の広びろとした遊休地に目をやり
人類の健康と長寿に挑戦する
新たな構想のカジノ実現を想い描く

ほら吹き将軍が天保山のふもとを行く
未来に向けて国際博覧会を誘致し
大阪が近畿の核となって発展していくことに
間違いなし　と意欲を燃やす

38

ほら吹き将軍が釜ヶ崎を行く
カジュアルウェアに野球帽をかぶり
かかとの擦り減ったスニーカーをはいて
日雇い労働者の街の夏祭りをのぞく

ほら吹き将軍は近くの三角公園で
ブルーシートや廃材の山が姿を消した会場に
露店が並び　盆踊りの歓声が聞こえ
真夏の熱気に煽られて額の汗をぬぐう

ほら吹き将軍は慰霊祭に参加し
ろうそくの炎が揺れ　線香がにおうなかで
およそ40年前に病死した一条さゆりを想い
この１年に亡くなった人びとの冥福を祈る

ほら吹き将軍が釜ヶ崎を行く
兎追イシカノ山　小鮒釣リシカノ川
と唱歌のふるさとを口ずさみつつ
路地の先にそびえるあべのハルカスを仰ぐ

39

ほら吹き将軍が丹後半島を行く
京都駅からJR特急に乗り
北近畿タンゴ鉄道経由で天橋立駅で下車し
松林を股のぞきして　そのすばらしさに感嘆する

ほら吹き将軍は路線バスに乗り換え
宮津湾に突き出た半島の沿岸を巡って
伊根の水際の舟屋群の景観に驚き
名物のブリ丼を注文して昼食する

ほら吹き将軍は海上タクシーを利用し
一階は漁船などを収容するガレージ
二階は瓦ぶきの住居になっている建物に
倍率の高い大型双眼鏡を当てる

ほら吹き将軍が丹後半島を行く
経ヶ岬行きのバスに揺られて
対岸監視の高性能レーダー基地を望見し
集団的自衛もやむをえないか　と独り合点する

40

ほら吹き将軍が上賀茂を行く
カモワケイカヅチノミコトを祀る社に
うやうやしく頭を垂れて手を合わせ
タマヨリヒメの丹塗矢を神々しくいただく

ほら吹き将軍はひろびろとした鎮守の森で
若者が連れて歩く芦毛の白い神馬に会い
皇室守護第一の神とあがめられる
山城国一宮のおごそかさに胸をときめかす

ほら吹き将軍は馬場を歩き
天下太平と五穀豊穣を祈願し
手づくり市の雑貨やお菓子が並ぶ店を巡り
くつろげる身近な場所になっていることを喜ぶ

はら吹き将軍が上賀茂を行く
男のロマンの新列島改造計画の一環として
神社がたんなる宗教施設だけでなく
自然信仰と文化の融合の場所となれと吹聴する

41

ほら吹き将軍が二条城を行く
堀川御池から東西のお角櫓を眺め
修学旅行生が乗り降りするバスプールから
桃山美術の粋を集めた二の丸御殿に進む

ほら吹き将軍はうぐいす張りの廊下を歩き
大書院形式の建物のそれぞれの部屋が
狩野探幽一門の華麗な障壁画に飾られたなかで
大政奉還が発表された大広間にただずむ

ほら吹き将軍は本丸御殿に移り
落雷で焼失した天守閣跡の上に立ち止まり
城内の広大さを一望して目を見張り
さすが天下を統一した大将軍の宿所じゃわいと舌を巻く

ほら吹き将軍が二条城を行く
城内北側に広がる清流園を見渡し
池泉回遊式の和風庭園と芝生の洋風庭園の
スケールの大きさに両肩をすぼめる

42

ほら吹き将軍が先斗町を行く
日が暮れて　ちょうちんに灯りがつくころ
四条大橋のたもとから鴨川沿いに
細長い通りの石畳をぶらりぶらりと歩く

ほら吹き将軍は物珍しく
両側に並ぶ料理店やクラブ　茶屋をのぞき
たまにすれ違う舞妓の後ろ姿を振り返り
古都の花街のふんいきを味わう

ほら吹き将軍は家並みのあいだから
岸辺に設けられた　とある店の川床に上がり
湯葉料理とノンアルコールビールを注文し
布団着て寝た姿の青黒い東山の峰を見上げる

ほら吹き将軍が先斗町を行く
富士ノ高嶺ニフル雪モ　京都先斗町ニフル雪モ
雪ニ変ワリガアルジャナシ　と口ずさみ
明日の遠出の遊説に備えてくつろぐ

43

ほら吹き将軍が木屋町を行く
地下鉄東西線の京都市役所前から歩き
高瀬川べりをさかのぼって二条大橋手前で
目当ての広大な和食店にはいる

ほら吹き将軍は若い男の店員に声をかけ
江戸時代初期の豪商が残した別邸に驚き
小堀遠州が手掛けた茶庭に感嘆して
屋敷の大広間や茶室や土蔵に目を輝かせる

ほら吹き将軍は昼食に寿司を頬張り
戦国時代から太平の世への変革期に
河川を開削して商業物資を船で運んだり
朱印船貿易に命を賭けた男のロマンに感動する

ほら吹き将軍が木屋町を行く
南へ流れる高瀬川に沿ってそぞろ歩き
船着き場跡の一之船入近くにたたずみ
男のロマンの新列島改造計画の実現を誓う

44

ほら吹き将軍が清水を行く
息を切らして急な坂道を登り
突き当たりにいかめしく立つ仁王門で
3メートル半ばある力強い金剛力士を仰ぐ

ほら吹き将軍は拝殿受付近く
フクロウの彫刻がある手水鉢で口をすすぎ
頭痛や歯痛が治ることを祈り
人知れず建つアテルイとモレの碑を探す

ほら吹き将軍は胸を弾ませて
清水の舞台で名高い本堂に進み
139本の柱で支えられた舞台から
錦雲渓とたたえられる眼下の眺めを楽しむ

ほら吹き将軍が清水を行く
本堂の奥に歩き　石段を降りたところで
音羽の滝の澄んだ冷たい水を飲んで
新列島改造計画の成就を祈願する

45

ほら吹き将軍が三条大橋を行く
むかし東海道五十三次の終点の東側で
ちょん曲げ姿の大男が台座の上で土下座し
御所の方角に拝礼している姿に立ち止まる

ほら吹き将軍はその老けた顔立ちから
京都を出入りするたびに愛国を心がけ
苦労を重ねたにちがいない　と思いやり
修身教科書に載せられた勤皇家を懐かしむ

ほら吹き将軍は夕闇のなかで
私鉄のターミナルを往き来する人びとが
土下座前を待ち合わせの場所にしているのを見て
時代も変わったものだ　と嘆く

ほら吹き将軍が三条大橋を行く
人ハ武士　気概ハ高山彦九郎
ハルカニ皇居ヲ伏シ拝ミ　落ツル涙ハ賀茂ノ水
と低く俗曲を口ずさみ　私鉄の駅にたたずむ

46

ほら吹き将軍が京都駅前を行く
中央口から北へまっすぐ京都タワーを目指し
エレベーターで地下三階の大浴場にはいり
湯船に体を沈ませて遊説の疲れをとる

ほら吹き将軍は湯上がりに展望台に立ち
数多く残っていた町家の瓦ぶきの波が消え
灯台のかたちのはずのタワーが
まこと　お東さんのロウソクじゃなと嘆く

ほら吹き将軍は近くの高層ビルの一角に
祇園祭に復帰することになった大船鉾が
波を切って進む姿で展示されているのを見て
150年ぶりに再建されたことを喜ぶ

ほら吹き将軍が京都駅前を行く
疾病退散を願うことしの祇園祭は
見どころの山鉾巡行が前祭と後祭に分かれ
タワーも灯台の役目をはたせると地下街に消える

47

ほら吹き将軍が病室を行く
じっと座って病室で考えてみるが
どうしてここに入るようになったのか
孫みたいな看護師たちが爺さんあつかいだ

ほら吹き将軍は四人の相部屋で
病室から出ていくまでに赤いテープが貼られ
男女共用のトイレに行くのにも
「どうかしましたか」と声をかけられる

ほら吹き将軍は周囲から
なんとなく監視されていることに気づく
うっかり物を言おうものなら
転倒に気をつけてくれと言われてうっとうしい

ほら吹き将軍が病室を行く
高次脳機能障害障害患者として
患者誤認防止用のリストバンドを右腕につけ
水くさい昼食をとりに行く

48

ほら吹き将軍がリハビリ室に行く
若者に付き添われて階下のエレベータに降り
体育館のなかにマットが敷かれた部屋で
歩行訓練で立ったり起きたりする

ほら吹き将軍は理学療法士に
自分の歩いてきた都道府県名を唱え
記憶ちがいがないかどうか
若い療法士と競い合う

ほら吹き将軍はお手玉を渡され
体育館のあちこちに隠して歩き
小休止したあとで
忘れかけたころにお手玉を探しに行く

ほら吹き将軍がリハビリ室を行く
眼を閉じて片足で立つ練習をつづけ
マットに両ひざを伸ばしたままで
指先が足先に届くように腰を曲げる

49

ほら吹き将軍が言語聴覚室を行く
個室になった狭い部屋にはいり
カードのように並べられた机の上で
マンツーマン方式で言葉の練習をする

ほら吹き将軍は子どものときのように
デジタル女史に似た顔つきの言語聴覚士から
発声や言葉を習い
ていねいな指導を受ける

ほら吹き将軍は年がいもなく
忘れた言葉を思い出そうとして
パピプペポ　パピプペポ　というふうに
声を大きく出して発音する

ほら吹き将軍が言語聴覚室を行く
掛け算や割り算の仕かたを思い出しながら
思ったよりも進んでいないので
出来の悪い生徒のようにがっかりする

50

ほら吹き将軍が作業療法室を行く
指を動かし　関節を曲げて
基本的な姿勢から
日常生活で必要となる応用の作業をする

ほら吹き将軍はパズルを解き
はめ込みのトレーニングをして
こんな子どもみたいなゲームをして
東京にいる外孫に笑われそうな気分になる

ほら吹き将軍はしかし童心にかえり
作業療法士の指示にしたがって
迷路になった抜け路を探すために
描かれた図形を探す

ほら吹き将軍が作業療法室を行く
宿題の謎ときをかかえたまま
このせいで病状が悪化するのではないかと
自分の部屋に帰ってベッドで休む

51

ほら吹き将軍が近くの公園を行く
主治医の許可を受けて介護人と歩き
ひさしぶりに街の空気を吸って
いよいよ街のなかを歩けるようになったと喜ぶ

ほら吹き将軍は公衆電話から
東京にいるデジタル女史を呼び出し
近く退院できるかもしれない
東京に帰るか　文化力の京都に残るか　相談する

ほら吹き将軍はいまでも車椅子に乗らず
新列島改造計画の実現に向けて
日本の創生に貢献するつもりだ
とデジタル女史に告げる

ほら吹き将軍が近くの公園を行く
転倒転落しないようにまわりに気をつけて
アメリカのトランプに負けてなるものか
と退院できる日を待っている